CAMINHO DE INICIAÇÃO À VIDA CRISTÃ

Primeira Etapa
CADERNO DO CATEQUIZANDO

Diocese de Caxias do Sul

CAMINHO DE INICIAÇÃO À VIDA CRISTÃ

Primeira Etapa
CADERNO DO CATEQUIZANDO

Petrópolis

© 2015, Editora Vozes Ltda.
Rua Frei Luís, 100
25689-900 Petrópolis, RJ
www.vozes.com.br
Brasil

1ª edição, 2015.

8ª reimpressão, 2022.

Todos os direitos reservados. Nenhuma parte desta obra poderá ser reproduzida ou transmitida por qualquer forma e/ou quaisquer meios (eletrônico ou mecânico, incluindo fotocópia e gravação) ou arquivada em qualquer sistema ou banco de dados sem permissão escrita da editora.

CONSELHO EDITORIAL

Diretor
Gilberto Gonçalves Garcia

Editores
Aline dos Santos Carneiro
Edrian Josué Pasini
Marilac Loraine Oleniki
Welder Lancieri Marchini

Conselheiros
Francisco Morás
Ludovico Garmus
Teobaldo Heidemann
Volney J. Berkenbrock

Secretário executivo
Leonardo A.R.T. dos Santos

Revisão: Jardim Objeto
Projeto gráfico e diagramação: Ana Maria Oleniki
Capa: Ana Maria Oleniki
Ilustrações: Adriano Pinheiro

ISBN 978-85-326-5033-7

Este livro foi composto e impresso pela Editora Vozes Ltda.

Sumário

Apresentação 7

Meta a ser alcançada 11

Passos do caminho 12

Leitura Orante da Palavra 13

1º Encontro: Quem somos nós? 16

2º Encontro: Jesus é nosso amigo 19

3º Encontro: Quem é Jesus? 22

4º Encontro: A Bíblia nos ajuda a conhecer Jesus 25

5º Encontro: Jesus ama tudo o que o Pai criou 28

6º Encontro: Jesus é anunciado e esperado 31

7º Encontro: Maria de Nazaré escolhida para ser a mãe de Jesus 34

8º Encontro: Maria é servidora de quem precisa 37

9º Encontro: Preparem os caminhos do Senhor 39

10º Encontro: Jesus veio morar no meio de nós 43

11º Encontro: A festa do reencontro 46

12º Encontro: Quaresma: o caminho para a Páscoa 49

13º Encontro: Semana Santa: o caminho de Jesus 53

14º Encontro: Estar à mesa com Jesus: serviço do lava-pés 56

15º Encontro: Jesus sofre perseguição até ser morto 59

16º Encontro: Jesus ressuscitou! 63

17º Encontro: Fazer o bem é viver a ressurreição 67

18º Encontro: De Jesus ressuscitado nasce a Igreja 70

19º Encontro: Batismo de Jesus 73

20º Encontro: Missão de Jesus 76

21º Encontro: Jesus envia o Espírito Santo aos apóstolos 80

22º Encontro: Jesus ressuscitado ensina a partilhar 84

23º Encontro: Jesus nos pede um coração bom 88

24º Encontro: O maior mandamento 91

25º Encontro: Minha vida de oração: Pai-Nosso 94

26º Encontro: A Missa: oração da Igreja 97

ANEXOS 101

Anexo 1: Celebrando nosso(a) padroeiro(a) 103

Anexo 2: Vocação: chamado e resposta de amor 106

Anexo 3: Ser missionário 109

Anexo 4: O dízimo e a catequese: Amo minha Igreja! Sou dizimista!.....112

Orações do cristão 115

Apresentação

A Diocese de Caxias do Sul apresenta e oferece este caderno a você, catequizando. Ele foi pensado para que você possa acompanhar melhor os encontros de catequese. Ele não é um manual de catequese, mas um caderno que possibilita mais facilmente acompanhar o processo catequético e manter viva a memória dos encontros. Nele você poderá escrever o que for necessário: as orações, as anotações pessoais de cada encontro, a partir da orientação do catequista.

Ele acompanha o mesmo esquema dos encontros do *Livro do Catequista*. No final do caderno se encontram as orações que, como cristãos, somos convidados a rezar: os mandamentos, sacramentos e pecados capitais. Será, também, por meio deste caderno que você poderá conversar com seus familiares e juntos vivenciar os compromissos assumidos no encontro de catequese. Enfim, é um caderno de apoio para seus encontros de catequese e serve como orientação para a vida de fé.

A catequese que propomos é *Caminho de Iniciação à Vida Cristã*, baseada na Palavra de Deus. Esta conduz você, catequizando, a um encontro com Jesus Cristo vivo, na sua vida e na comunidade, para ser discípulo missionário na Igreja e na sociedade.

Desejamos que todos os catequizandos façam bom proveito deste material.

Equipe de Animação Bíblico-Catequética
Diocese de Caxias do Sul

Dados Pessoais

Nome:

Endereço

Rua: Nº:

Telefone residencial ou celular:

E-mail:

Nome dos pais ou responsáveis:

Comunidade a que pertence:

Paróquia:

Nome do catequista:

Anotações

Meta a ser alcançada

A primeira etapa do *Caminho de Iniciação à Vida Cristã* tem como meta ajudar você, catequizando, a conhecer Jesus Cristo na sua infância e qual foi a sua missão e seu projeto. Esta meta é para responder à pergunta "Quem é Jesus?", por meio dele perceber que é amado por Deus e chamado a amar o próximo na experiência com a comunidade.

Anotações

Passos do Caminho

- O catequizando é inscrito na primeira etapa da catequese para a Iniciação Cristã na idade de nove anos, seguindo sucessivamente os quatro anos sem necessidade de novas inscrições.

- A catequese acompanhará o ano litúrgico, desvinculado do ano civil. Iniciará no mês de outubro.

- Férias: a partir da metade de dezembro até o fim de fevereiro.

- O reinício dos encontros, no ano seguinte, ocorre no fim de fevereiro ou no início de março, na primeira semana da quaresma, acompanhando o caminho do ano litúrgico, da quaresma e da Páscoa, dando especial atenção ao tríduo pascal. Segue-se com o caminho do ano litúrgico até a metade de setembro.

- Na primeira semana de outubro do ano seguinte, continua a catequese com a segunda etapa.

- Os encontros catequéticos estão elaborados para facilitar a sintonia, o acompanhamento e a vivência do ano litúrgico. Seguem o método "Jesus, Verdade, Caminho e Vida", e desenvolverão atividades e dinâmicas que envolvam os catequizandos, os pais e a comunidade.

- Os encontros de catequese não terminam com a celebração do Sacramento da Eucaristia e da Crisma, mas continuam após a celebração do Sacramento até concluir o ano catequético.

- Os pais ou responsáveis devem acompanhar seus filhos no Caminho da Iniciação à Vida Cristã, mostrar interesse, participar juntos nas celebrações da comunidade e ajudá-los na vivência da fé.

- O espaço *Anotações Pessoais* está reservado para o registro do compromisso ou tarefas, comunicações e lembretes.

Leitura Orante da Palavra

Na proposta de catequese para o Caminho de Iniciação à Vida Cristã, optamos pelo método da Leitura Orante. Este método ajuda a assimilar o que a mesma Bíblia diz em Dt 30,14: "A Palavra está muito perto de ti: na tua boca e no teu coração, para que a ponhas em prática".

Como se faz a LEITURA ORANTE DA PALAVRA?

Antes de tudo, a atitude é colocar-se à luz do Espírito de Deus e pedir sua ajuda. São quatro os passos da Leitura Orante da Bíblia: Leitura, Meditação, Oração, Contemplação.

1º Passo

Leitura atenta do texto, feita várias vezes

De acordo com Dt 30,14 "A Palavra está muito perto de ti: na tua boca e no teu coração, para que a possa colocar em prática". Aqui descobrimos o que o texto diz em si mesmo.

O que diz o texto?

- ✶ Considerar o sentido de cada frase.
- ✶ Destacar os personagens, as imagens, os verbos, as ações.
- ✶ Repetir alguma frase ou palavra que mais chamou a atenção.

2º Passo

Meditação

É uma forma simples de meditação. É o momento de saborear o texto com cores e cheiros de hoje, da nossa realidade.

O que o texto me diz?

* Ruminar, trazer o texto para a própria vida, a realidade pessoal e social.
* O que Deus está me falando?
* Que conversão me pede?
* Atualizar a Palavra para a realidade do lugar, do grupo, do momento.

3º Passo

Oração

O terceiro passo é a oração pessoal que desabrocha em oração comunitária, expressão espontânea de nossas convicções e sentimentos mais profundos.

O que o texto me faz dizer a Deus?

* Formular a oração, suplicar, louvar a Deus, dialogar com Deus.
* Rezar com um salmo que expresse o sentimento que está em cada um e no grupo.

4º Passo

Contemplação

Olhar a vida com os olhos de Deus. É o transbordamento do coração em ação transformadora: "Para que ponhas em prática"(Dt 30,14). Contemplar não é algo intelectual, que se passa na cabeça. É um agir novo que envolve todo nosso ser.

- A partir deste texto, como devo olhar a vida, as pessoas e a realidade?
- O que devo fazer de concreto?
- O que ficou em meu coração e me desperta para um novo modo de ser e de agir?
- Em quê esta Palavra me ajuda a ser mais discípulo ou discípula de Jesus?

Data / /

1º Encontro

Quem somos nós?

Para que sejamos um grupo de amigos e amigas que juntos querem conhecer melhor Jesus e seu Evangelho, precisamos antes nos conhecer.

Cada pessoa tem seu jeito de ser e suas capacidades, que são dons de Deus. Precisamos, também, conhecer nossas limitações, porque todos temos algo que devemos melhorar e mudar para crescermos como pessoa humana.

Jesus nos chama para sermos seus discípulos. Ele nos chama como somos e nos propõe um caminho de vida. Nesse caminho de vida, nós encontramos pessoas, que também caminham e querem ser amigos e amigas uns dos outros e querem também ser seguidores de Jesus. Quem quer andar com Jesus precisa querer bem a si mesmo e às outras pessoas. Cada um de nós é importante, cada um é diferente e, por isso, formamos um grupo bonito. A caminhada será mais alegre e todos ficarão mais contentes se nos conhecermos melhor.

1 **Momento de acolhida e oração**

- Iniciar com o sinal da cruz e rezar juntos uma Ave-Maria.

- Estamos aqui, juntos, neste encontro. É importante que nos conheçamos. Cada um diga o seu nome, com quem mora, onde estuda e o que mais gosta de fazer.

2 **Jesus Verdade! Ajuda-me a conhecer a Tua Palavra**

- Leitura do texto bíblico: Marcos 1,16-20.

3 **Jesus Caminho! Abre meu coração para acolher a Tua vontade**

- Escrever:

O que significa fazer parte do grupo dos amigos e das amigas de Jesus?

4 **Jesus Vida! Fortalece a minha vontade para viver a Tua Palavra**

- Rezar juntos com as palavras do salmo 133,1:

"Como é bom, como é agradável os irmãos e irmãs viverem juntos" (2 vezes)

- Dizer juntos:

Nós amamos a vida.

Nós amamos as pessoas.

Nós amamos nossos amigos e amigas.

Nós amamos nossos pais.

Nós amamos Jesus, amigo de todos, e queremos tê-lo conosco.

Oração

Jesus, amigo das crianças e de todas as pessoas, cria em nós o espírito de amizade, de acolhida e de bem querer. Queremos ser um grupo de amigos que se amam, como Tu amaste aqueles que chamastes. Amém.

5 Compromisso

- Contar aos pais o nome das pessoas que Jesus escolheu para serem seus discípulos.

- Lembre-se, também de contar o nome dos colegas do grupo de catequese e o nome do seu catequista.

- Escolher o nome do grupo: Cada um, durante a semana, pense em um nome para o grupo. Trazer por escrito num papel grande, de preferência, um nome bíblico.

Anotações Pessoais

Data / /

Jesus é nosso amigo

Nós precisamos de amigos. Quem tem amigos de verdade se sente mais seguro na vida. Amigo é aquele que nos conhece, nos acolhe e nos ajuda. É aquele que está conosco nas horas alegres e nas horas difíceis.

Jesus é nosso melhor amigo. Nele podemos confiar. Ele nunca nos abandona e caminha conosco. Está sempre ao nosso lado. Jesus disse: "Eu chamo a vocês de amigos porque lhes fale tudo o que ouvi do meu Pai. Não foram vocês que me escolheram, mas fui eu que escolhi a vocês." (Jo 15,14-15).

1 Momento de acolhida e oração

- Fazer o sinal da cruz, lembrando que Deus Pai é Pai, Filho e Espírito, e nos ama como filhos e filhas.

2 Jesus Verdade! Ajuda-me a conhecer a Tua Palavra

- Leitura do texto bíblico: Mateus 19,13-15.

3 **Jesus Caminho! Abre meu coração para acolher a Tua vontade**

- O que a Palavra de Deus, no Evangelho de hoje, diz para mim?

- Por que Jesus ama, acolhe e abençoa as crianças?

- Canto: Seguindo a orientação do catequista, participe da atividade sobre a música do Pe. Zezinho – *Amar como Jesus Amou*.

4 **Jesus Vida! Fortalece a minha vontade para viver a Tua Palavra**

- A partir do que conversamos sobre Jesus e olhando os quadros, as imagens, as figuras de Jesus, escreva, em forma de oração, o que você quer dizer a Ele.

- Com o seu grupo, repetir juntos estas frases:

  - Jesus é o Caminho, a Verdade e a Vida.

  - Jesus ama e acolhe as crianças.

  - Jesus convida todos para se tornarem como as crianças.

  - Jesus é amigo das crianças.

  - Jesus é amigo dos pobres e dos doentes.

- Rezar o Salmo 23 – O Senhor é meu pastor e nada me falta.

5 Compromisso

- O que vamos fazer nesta semana para conhecer mais Jesus e ser amigo dele?

- Escreva uma cartinha para sua família contando que Jesus é amigo das crianças e de todos os que se fazem criança.

Anotações Pessoais

Data / /

Quem é Jesus?

Na Bíblia encontramos muitas passagens que falam de Jesus. No Primeiro Testamento, o povo esperava o enviado de Deus para ajudar. Os profetas anunciam um Servo de Deus, que viria para ajudar, servir e melhorar, até com o sacrifício de sua própria vida, a dignidade do Povo de Deus.

No Segundo Testamento, Jesus se identifica como sendo o Messias, o Salvador, o servo de todos. Por isso, nos Evangelhos encontramos diversos títulos dados a Jesus: Jesus é o Mestre, aquele que reúne discípulos e dá a eles o conhecimento das "coisas do Pai"; Jesus é o Bom Pastor, que dá sua vida para que todos tenham vida e vida em abundância. Jesus é o Filho de Deus, que veio a este mundo para realizar o plano de amor do Pai e abrir, para todos, a possibilidade de entrar no seu Reino.

1 Momento de acolhida e oração

- Iniciar com o sinal da cruz porque nos lembra Deus Pai, o Deus Filho e o Espírito.

2 Jesus Verdade! Ajuda-me a conhecer a Tua Palavra

- Leitura do texto bíblico: Marcos 9,33-37.

3 Jesus Caminho! Abre meu coração para acolher a Tua vontade

- O que Jesus quer dizer para nós com essa Palavra?
- Ainda hoje as pessoas buscam a riqueza e o poder?
- Isso está de acordo com o desejo de Jesus?
- O que o texto nos diz sobre a pessoa de Jesus?

4 Jesus Vida! Fortalece a minha vontade para viver a Tua Palavra

- O que queremos dizer a Deus a partir do ensinamento que Ele nos deu? Cada um faça sua oração em silêncio e escreva.

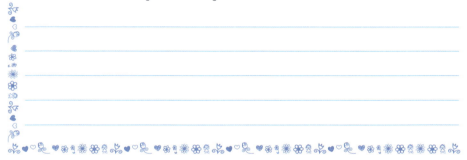

5 Compromisso

- Escreva a frase do Evangelho que você mais gostou para praticar nesta semana.

Oração

Obrigado Senhor, pela tua Palavra!
Obrigado porque esta Palavra é sempre viva e eficaz.
Queremos conhecê-la para amá-la.
Amando-a, que possamos vive-la todos os dias de nossa vida.

Anotações Pessoais

4º Encontro

A Bíblia nos ajuda a conhecer Jesus

O centro de toda a Sagrada Escritura é Jesus. O Povo de Deus sempre esperou por esse Messias. No Primeiro Testamento o povo esperava por um enviado de Deus que viria libertar o povo de toda opressão. Os profetas anunciam o Servo de Javé, que viria para servir ao povo. Essa convicção foi crescendo, lentamente, na maneira de pensar e agir das pessoas. Quando chegou Jesus, o povo simples e humilde foi, aos poucos, percebendo que Ele era esse Messias. E Jesus mesmo se declara o Filho do Pai, enviado de Deus para salvação do mundo.

Tudo o que se fala de Jesus pode ajudar a conhecê-lo e amá-lo.

1 Momento de acolhida e oração

- Iniciar cantando o sinal da cruz.
- Partilhar:
  - O que significou receber a Bíblia e sermos apresentados à comunidade?
  - O que mais chamou a atenção de cada um? Por quê?

2 | **Jesus Verdade! Ajuda-me a conhecer a Tua Palavra**

❯ Leitura do texto bíblico: Lucas 4,16-21.

3 | **Jesus Caminho! Abre meu coração para acolher a Tua vontade**

❯ Jesus participa do encontro na sua comunidade. Em nosso encontro porque a Palavra de Deus é importante?

❯ Que orientação a Palavra de Deus, que ouvimos hoje, nos dá para a vida?

❯ O que esta Palavra de Deus me ensina?

✳❀ _____

_____

_____

_____

4 | **Jesus Vida! Fortalece a minha vontade para viver a Tua Palavra**

❯ O que quero dizer a Deus hoje?

❯ O que tenho para agradecer?

❯ Cada um faz sua oração pessoal. Depois, com o grupo, rezam juntos.

> **Oração**
>
> *Jesus, nós somos teus amigos e por isso queremos acolher este livro, que nos mostra como Deus nos ama e nos quer bem. Ajuda-nos a lê-lo e a meditá-lo para alimentar nossa vida.*

5 | **Compromisso**

❯ Conversar com seus familiares sobre o que é a Bíblia e o que você aprendeu no encontro de hoje.

- Para o próximo encontro, cada um traz uma foto sua, da família ou de um amigo.
- Trazer, também, algumas frutas para a partilha e algumas flores ou ramos verdes.

Anotações Pessoais

5º Encontro

Data / /

Jesus ama tudo o que o Pai criou

São Paulo, na carta aos Colossenses (1,15-20), diz que tudo o que existe foi criado em Jesus e nele todas as coisas tomam sentido. A pessoa humana, a natureza, os acontecimentos e o universo fazem parte de Cristo. Há, pois, uma unidade de amor, que inicia em Jesus, se liga com todo o universo e se realiza plenamente em Jesus Cristo. Tudo o que Deus fez, Ele realizou por amor.

1 Momento de acolhida e oração

- O catequista convida para juntos rezar.

Oração

Ó Deus, tu amas cada um de nós com carinho. Nos criastes para sermos amigos. Criastes para nós um mundo bonito. Ajuda-nos para que nós nos amemos e cuidemos do mundo bonito que nos destes. As águas puras dos rios, as árvores, os campos verdes, os animais, as aves, a mãe-Terra. Ajuda-nos a preservar e proteger tudo o que fizestes e impedir que seja destruído. Amém.

2 **Jesus Verdade! Ajuda-me a conhecer a Tua Palavra**

- Leitura do texto bíblico: Gênesis 1,1-2,4a.

3 **Jesus Caminho! Abre meu coração para acolher a Tua vontade**

- Escrever:

Por que Deus criou as coisas bonitas que temos?

4 **Jesus Vida! Fortalece a minha vontade para viver a Tua Palavra**

- Cada um faz uma oração de agradecimento, de compromisso e de pedido.

- Repetir juntos estas frases:
  - Deus nos ama tanto que nos deu um mundo bonito.
  - Deus ama cada um de nós como filhos.
  - O mundo criado por Deus é bom.
  - Homem e mulher são imagem de Deus.
  - Devemos amar a Deus como ele nos ama.
  - A humanidade deve cultivar e preservar a vida e o planeta.
  - Não podemos estragar o que Deus criou com tanto amor.
  - E Deus viu que tudo era bom.

5 **Compromisso**

- Ler com os pais em casa, o texto bíblico do livro dos Gênesis e comentar com a família o que refletimos neste encontro.

- Assumir uma tarefa ou atitude de respeito e de cuidado com o meio ambiente, que os ajude a amar o que Deus criou para nós.

- Fazer alguma coisa para melhorar na própria casa. O que?

Anotações Pessoais

Jesus é anunciado e esperado

Profeta não é aquele que prevê o futuro, mas aquele que anuncia o projeto de Deus que é a salvação. Deus criou o mundo bom e cheio de felicidade. Nele colocou as pessoas para que fossem felizes. O egoísmo, porém, levou a criatura humana pelos caminhos do mal. Através dos profetas, Deus quer mostrar a todos como alcançar a felicidade. Deus não abandona seus filhos e filhas. Mesmo quando não somos fiéis, Ele nos oferece novas oportunidades para reencontrarmos a vida. Esse é o projeto divino de salvação que os profetas anunciaram para reconduzir as pessoas ao caminho do bem.

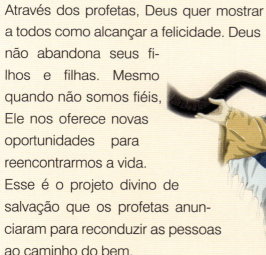

1 Momento de acolhida e oração

- Para iniciar nosso encontro, será acendida uma vela lembrando que Jesus é a luz para iluminar nossos caminhos, que os profetas anunciaram, dizendo: "Uma luz brilhará nas trevas".

2 Jesus Verdade! Ajuda-me a conhecer a Tua Palavra

- Leitura do texto bíblico: Isaías 7,14-17.

3 Jesus Caminho! Abre meu coração para acolher a Tua vontade

- Como a Igreja chama o tempo de espera do nascimento de Jesus?

_____

_____

_____

4 Jesus Vida! Fortalece a minha vontade para viver a Tua Palavra

- Cada um faz sua oração: O que esta Palavra me faz dizer a Deus?

--- **Oração** ---

Senhor Jesus, obrigado por ser nosso amigo, queremos viver sempre unidos a ti. Ajuda-nos a preparar a tua chegada no Natal. Que o nosso coração esteja sempre aberto para a vida, para o bem, para a paz. Que nós saibamos fazer muitos gestos de fraternidade, pois Tu estás presente em todas as pessoas. Vem! Senhor Jesus! O mundo precisa de ti!

5 Compromisso

- Pensar juntos um gesto concreto.

_____

_____

_____

Anotações Pessoais

7º Encontro

Data / /

Maria de Nazaré é escolhida para ser a mãe de Jesus

O profeta Isaías anunciou o nascimento de um "Príncipe de paz". Uma jovem daria à luz um menino, o Emanuel, que quer dizer "Deus conosco". Esta é a grande promessa que animava o Povo de Deus em sua caminhada. Entender melhor essa promessa de salvação é necessário para que os cristãos encontrem em quem acreditar. Precisamos compreender que esse anúncio feito pelos profetas se realizou em Jesus de Nazaré, filho de Maria. Ela tem um papel importante para a história da salvação: é a mãe do Salvador, colaboradora de Deus no cumprimento de sua promessa ao povo.

1 Momento de acolhida e oração

- Nos alegremos por estar mais uma vez reunidos. Somos um grupo de amigos que cresce na amizade e amor a Deus. Vamos nos acolher desejando um ao outro(a) um bom encontro.

2 Jesus Verdade! Ajuda-me a conhecer a Tua Palavra

- Leitura do texto bíblico: Lucas 1,26-37.

3 Jesus Caminho! Abre meu coração para acolher a Tua vontade

- O que essa Palavra nos ensina?
- Que atitudes Deus me pede?

4 Jesus Vida! Fortalece a minha vontade para viver a Tua Palavra

- Rezar a Oração do anjo do Senhor que está nas orações do cristão.

Sentido da palavra "anjo": Neste encontro, apareceu muitas vezes a palavra anjo. Anjo é um mensageiro de Deus que leva boas notícias às pessoas. O anjo que levou a boa notícia à Maria se chamava Gabriel. Existem também os anjos Rafael e Miguel.

5 Compromisso

- Contar em casa como Maria foi escolhida para ser a Mãe de Jesus.
- Ler junto com a família a história contada na Bíblia.
- Rezar em casa todos os dias a oração do anjo do Senhor.
- Pensemos numa boa notícia que podemos levar para outras pessoas. Qual seria a notícia? Para quem?
- No próximo encontro, vamos começar a fazer o presépio. Siga as orientações de seu catequista para participar da montagem do presépio.

Anotações Pessoais

8º Encontro

Maria é servidora de quem precisa

Maria acreditou na Palavra de Deus. Entendeu que era obra de Deus. Entendeu, também, que Deus estava presente, de forma extraordinária, na vida de sua prima Isabel. Maria, jovem, que estava grávida de Jesus, sentiu-se chamada a ajudar sua prima Isabel, já em idade avançada, também grávida, esperando João Batista. Ela certamente precisava de cuidados especiais. Põe-se a caminho, movida pela caridade fraterna.

1 Momento de acolhida e oração

- Rezar conforme a orientação do catequista.
- Oração: O anjo do Senhor anunciou à Maria.

2 Jesus Verdade! Ajuda-me a conhecer a Tua Palavra

- Leitura do texto bíblico: Lucas 1,39-56.

3 Jesus Caminho! Abre meu coração para acolher a Tua vontade

- O que este fato diz para cada um de nós e como grupo?
- O que aprendemos dessa história?

4 | Jesus Vida! Fortalece a minha vontade para viver a Tua Palavra

- Rezar em dois coros o mesmo hino que Maria cantou no encontro com Isabel no texto do Evangelho de Lucas1,46-55.
- Cada um reza, em silêncio, fazendo sua oração, conversando com Jesus.

5 | Compromisso

- Contar, em casa, a visita de Maria à Isabel e rezar antes de deitar com a família, o hino que Maria cantou.
- Pedir aos pais que escrevam uma mensagem para o grupo e trazer no próximo encontro.
- Nesta semana, cada um convide os pais ou responsáveis para fazerem, juntos, uma visita a alguém que precisa(doentes, crianças pobres, pessoas que precisam de ajuda).
- Trazer para o próximo encontro alguma peça e material necessário para completar o presépio, algum alimento para ser entregue a pessoas necessitadas da comunidade.

Anotações Pessoais

Data / /

Preparem os caminhos do Senhor

João Batista foi o precursor, aquele que veio antes de Jesus. Sua missão era preparar as pessoas para receber Jesus e sua mensagem. "Preparai os caminhos do Senhor!"(Lc 3,3). João foi um homem simples, de profunda convicção religiosa, que conhecia a história do seu povo, o Povo de Deus. Entendeu e assumiu a vocação que Deus lhe confiou. Cada cristão precisa ser mais um que prepara os corações das pessoas para receber Jesus e o seu Evangelho.

1 Momento de acolhida e oração

- Iniciar com o sinal da cruz, sinal do cristão, pedindo ao Senhor que nos ajude a preparar o coração e a mente para acolher a mensagem.

2 Jesus Verdade! Ajuda-me a conhecer a Tua Palavra

- Leitura do texto bíblico: Lucas 3,3-16.
- Após a proclamação dizer juntos: Queremos aprender com João Batista a preparar os caminhos do Senhor.

❷ Quais palavras do Evangelho mais chamaram sua atenção? Anote-as.

❷ Em dupla respondam:

- Quais são as pessoas de que o texto fala?

- Qual é a pergunta que os grupos de pessoas faziam a João e que resposta ele dava para cada grupo?

3 Jesus Caminho! Abre meu coração para acolher a Tua vontade

❷ Para nós que estamos na catequese, o que João Batista ensina hoje? O que devemos fazer?

4 Jesus Vida! Fortalece a minha vontade para viver a Tua Palavra

❯ Peçamos ao Senhor que nos ajude, neste tempo de catequese e nesta preparação ao Natal, a conhecê-lo mais e a viver como Ele quer de nós. Cada um faça uma oração pessoal e a escreva.

5 Compromisso

❯ Em casa, com os pais, ler e rezar o mesmo texto bíblico deste encontro e conversar sobre estas duas perguntas:

- Nós, como família, como vamos ser para viver melhor em casa? O que vamos organizar em preparação ao Natal?

- O que podemos fazer para motivar nossa família e nossos vizinhos para participarem do grupo de novena em preparação ao Natal?

❯ Trazer para o próximo encontro fotos de quando era recém-nascido.

❯ Organizar o amigo secreto para a celebração final do Natal.

Anotações Pessoais

10º Encontro

Data   /   /

Jesus veio morar no meio de nós

Jesus é a Palavra Viva de Deus Pai. O Evangelho de São João nos diz que esta Palavra Divina se fez carne e veio habitar no meio das pessoas. Diz o Evangelho: "E o Verbo se fez carne e habitou entre nós."(Jo 1,14). São Paulo nos diz que Jesus se fez, em tudo, semelhante a nós, menos no pecado. Ele veio morar entre nós para ser nosso irmão e, como um irmão querido, nos ensinar o caminho da realização. Esse caminho nos leva a Deus.

1 Momento de acolhida e oração

- Vamos cantar seguindo a orientação do catequista.
- Todos dizem juntos após o canto:
    - Estou alegre, Jesus, pelo teu nascimento entre nós.
    - Tu és a maior de todas as surpresas que acontecem no mundo.
    - Ninguém podia imaginar que chegarias até nós como uma criancinha.
    - Nasceste pobre, num lugar pobre, numa estrebaria.
    - Tu és o melhor presente da nossa vida.
    - Obrigado por esta surpresa e este presente. Amém.

2 Jesus Verdade! Ajuda-me a conhecer a Tua Palavra

- Leitura do texto bíblico: Lucas 2,1-20.

3 Jesus Caminho! Abre meu coração para acolher a Tua vontade

- O que é mais importante: o menino Jesus ou o Papai Noel?

- Qual é o assunto que a TV mais fala sobre o Natal?

_____

_____

_____

_____

4 Jesus Vida! Fortalece a minha vontade para viver a Tua Palavra

- Uma multidão de anjos se juntou para cantar: "Glória a Deus nas alturas!"...Nós também, diante de Jesus, cantamos "Glória a Deus e paz na terra".

- Vamos fazer orações espontâneas e a cada oração respondamos: Obrigado Jesus por estar no meio de nós!

- Repetir juntos as frases que seguem:
  - Jesus nasceu em Belém.
  - Ele é o nosso Salvador.
  - Jesus é o Deus conosco, o Emanuel.
  - Jesus é luz para o mundo.
  - Jesus é nosso amigo e nosso irmão.

Oração

Jesus menino, tu és nosso amigo, obrigado por ter nascido criança como nós. Obrigado pela novidade do teu nascimento. Tu és um presente para nós. Ninguém poderia imaginar que chegarias como uma criança, nascida em um lugar pobre. Tu és o melhor presente para a nossa vida. És a nossa alegria, a nossa esperança, nossa paz e nossa felicidade. Unidos ao teu coração, queremos entrar no coração de cada criança e de cada pessoa do mundo inteiro. Amém.

5 Compromisso

- Conversar com os pais sobre a história do nascimento de Jesus.
- Procurar saber sobre alguma criança pobre, recém-nascida. Visitá-la como se visitasse Jesus, doando alguma coisa sua de estimação.
- Comprometer-se de, independente de onde estiverem na noite ou no dia de Natal, participar da celebração de Natal na Igreja, com a família.

Anotações Pessoais

11º Encontro

Data   /   /

A festa do reencontro

Estar de volta é motivo de alegria para todos. Alegria porque voltamos a nos encontrar como amigos e amigas. Alegria porque, juntos, queremos continuar conhecendo mais um pouco de Jesus, sua vida e seu Evangelho; alegria porque formamos, como os discípulos, o grupo de Jesus.

1 Momento de acolhida e oração

- Agora que nos reencontramos e conversamos sobre nossas férias, vamos rezar e agradecer a Deus por tudo de bom que nos aconteceu e pedir que Deus nos acompanhe na continuação dos encontros para melhor conhecer Jesus. Em silêncio, façamos uma oração pessoal e depois vamos rezar juntos, partilhando nossas preces. Após cada prece, dizer juntos: Nós vos agradecemos, ó Senhor!

2 Jesus Verdade! Ajuda-me a conhecer a Tua Palavra

- Leitura do texto bíblico: Lucas 2,22-52.

3 Jesus Caminho! Abre meu coração para acolher a Tua vontade

- Encenar o texto do Evangelho de Lucas 2,22-37 e Lucas 2,42-52.
- O que essa história da infância de Jesus diz para nós?
- Como Maria e José sentiram essa experiência com seu filho Jesus?

4 | Jesus Vida! Fortalece a minha vontade para viver a Tua Palavra

Oração

Jesus querido, que bom te conhecer como criança. Abençoa todas as crianças do mundo. Fazei que cresçam em idade, sabedoria, graça, saúde, amizade e amor, como tu cresceste. Abençoa, Jesus, nossos pais e os pais de todas as crianças do mundo. Que eles tenham forças para o trabalho e que nunca lhes falte emprego e sejam pessoas bondosas para com todos. Hoje, pedimos uma proteção especial e carinhosa às crianças e famílias que sofrem e para os pais que estão com problemas.

5 | Compromisso

- Contar para os pais, colegas de aula, amigos e vizinhos a história da infância de Jesus.

- Escrever, no caderno, alguma coisa de como Jesus viveu com Maria e José, em Nazaré.

- Para o próximo encontro trazer sugestões, por escrito, do que é necessário organizar para que o grupo possa ser melhor e mais bem organizado. Trazer uma foto ou a lembrança do próprio batismo.

Anotações Pessoais

12º Encontro

Data / /

Quaresma: o caminho para a Páscoa

O caminho de Jesus leva-o à cruz, para depois chegar à ressurreição. Isso foi consequência da sua missão. Esse tempo litúrgico, que a Igreja chama quaresma, nos liga ao povo hebreu, no Primeiro Testamento e a Jesus, no Segundo Testamento. Ambos, porém, nos levam à libertação. A caminhada do povo hebreu pelo deserto, ao longo de 40 anos, tinha como objetivo sair da escravidão do Egito e alcançar a terra prometida que lhe daria dignidade e vida melhor. O caminho de Jesus, ao longo do Evangelho, vai em direção à Jerusalém. Depois de seus 40 dias no deserto, rezando e jejuando, Ele inicia sua missão de anunciar o que o Pai lhe havia confiado. Quaresma, portanto, é um tempo que nos convida a mudar de vida, a sermos melhores, a viver com firmeza o nosso batismo. É tempo de conversão. A quaresma é, também, o tempo da Campanha da Fraternidade, promovida pela Igreja no Brasil e que nos convida a sermos mais unidos, solidários e amigos dos que sofrem. A Campanha da Fraternidade acompanha o tempo litúrgico da quaresma e quer ser um convite para gestos e ações concretas de conversão, de mudança de vida em relação a aspectos da vida e da sociedade que estão sendo ameaçados.

1 **Momento de acolhida e oração**

- De mãos dadas, rezar a oração do Pai-Nosso.

2 **Jesus Verdade! Ajuda-me a conhecer a Tua Palavra**

- Leitura do texto bíblico: Mateus 4,1-11.

3 **Jesus Caminho! Abre meu coração para acolher a Tua vontade**

- Escreva suas respostas.

  - Quais são as tentações que sofremos?

  - Como Jesus venceu as tentações? O que nós fazemos para vencê-las?

  - Qual ó o tema e o lema da Campanha da Fraternidade deste ano?

  - Que tentações temos em relação a esse tema?

O que entendemos por oração, jejum e esmola?

Oração

Rezar é estar unido com Jesus. É dialogar com Ele. A oração ajuda a pessoa e a comunidade a viver sempre melhor o batismo e a missão. A oração nos lembra que somos todos irmãos e por isso devemos viver como irmãos sem a tentação de ser mais e melhor que os outros. A oração nos faz enxergar como Jesus nos quer.

Jejum

O jejum não significa só deixar de comer em algum momento do dia. Mais do que isso, significa viver aquilo que Jesus disse quando anunciou sua missão: dividir o pão com o pobre, libertar os que estão aprisionados, acabar com a opressão e tudo aquilo que estraga a vida das pessoas e a natureza. Jejum para nós é também não esbanjar água, não produzir muito lixo etc.

Esmola

A esmola deve estar ligada também ao gesto que nos pede a Campanha da Fraternidade. Olhando as necessidades dos outros, somos chamados a ajudá-los. É colocar-se a serviço dos outros e dividir o que tenho com quem necessita mais do que eu.

4 Jesus Vida! Fortalece a minha vontade para viver a Tua Palavra

- O que a Palavra de Deus que escutamos hoje, me faz dizer a Ele? Vamos nos colocar diante da cruz e das cinzas e fazer nossa oração em silêncio.
- Rezar o Salmo 67.

5 Compromisso

- Explicar aos pais o que significa: oração, jejum e esmola.

- Convidar os pais a organizar com os vizinhos e participar dos grupos de famílias, em preparação à Páscoa.

- Organizar de modo que cada um traga para a celebração, no próximo encontro, um prato de doces ou salgados e mesmo alguma bebida para ser feita a partilha na celebração da misericórdia de Deus.

Anotações Pessoais

Data / /

13º Encontro

Semana Santa: o caminho de Jesus

No Domingo de Ramos, lembramos a entrada solene de Jesus na cidade de Jerusalém para realizar a Páscoa. Jesus é reconhecido como o Cristo, o Messias, aquele que deverá realizar todas as promessas previstas pelos profetas. Ele é reconhecido publicamente como aquele que vai fazer justiça aos pequenos, a quem terá profundo amor e muita misericórdia. Essa celebração é uma profissão pública da fé em Cristo.

Na Semana Santa celebramos o mistério central de nossa fé: a morte e a ressurreição de Jesus. É o ponto mais alto e central do ano litúrgico. São três grandes momentos, chamados tríduo pascal: A Ceia do Senhor, na Quinta-Feira Santa; a morte do Senhor, na Sexta-Feira Santa e o Aleluia Pascal, no Sábado Santo.

Esse tríduo nos prepara para a solene celebração da Páscoa do Senhor, no Domingo da Ressurreição.

1 Momento de acolhida e oração

- Cantar o sinal da cruz.

2 Jesus Verdade! Ajuda-me a conhecer a Tua Palavra

- Leitura do texto bíblico: Mateus 21,1-11.

53

3 Jesus Caminho! Abre meu coração para acolher a Tua vontade

- Qual é a parte central desse acontecimento?
- Quem é aclamado em nossa sociedade, hoje? E quem aclama?
- O que essa Palavra diz para nós, hoje?
- Por que o povo aclamava Jesus como Messias, o Salvador?
- Qual é a parte central desse acontecimento?
- Hoje, em nossa sociedade, quem são as pessoas consideradas importantes? O que fazem para o povo?

4 Jesus Vida! Fortalece a minha vontade para viver a Tua Palavra

- Fazer silêncio para uma oração pessoal.
- Fazer preces e orações espontâneas.
- Concluir este momento rezando juntos.

Oração

Ó Jesus, amigo dos pobres e dos pequenos, nós queremos te aclamar, cantando "Hosana". Tu és o nosso Rei, que nos ama, que nos acolhe. Tu caminhas junto às crianças e aos pobres, aos simples, aos homens e mulheres de bem. Ajuda-nos a sermos sempre teus amigos e a fazer tudo o que é bom, conforme teus preceitos. Amém.

5 Compromisso

- Combinar um compromisso do grupo todo para viver bem a Semana Santa.
- Convidar os pais para juntos irem à igreja e participar das celebrações da Semana Santa.
- Participar da coleta da Campanha da Fraternidade, renunciando a alguma coisa para destinar esse valor ao objetivo da Campanha.

Anotações Pessoais

14º Encontro

Estar à mesa com Jesus: serviço do lava-pés

Jesus senta à mesa com seus discípulos e faz com eles a refeição de despedida. Lava os pés dos discípulos e ensina o mandamento do amor e do serviço fraterno. Precisamos aprender o que significa deixar-nos lavar os pés por Jesus e receber dele o grande mandamento: "Amai-vos uns aos outros como eu vos amei." Este dia é, de fato, a celebração da "entrega": Jesus se entrega a nós, na Eucaristia, como alimento e força para seguirmos no caminho do bem. Esta celebração nos convida a uma avaliação de nossa vida, de nossas atitudes, de nosso modo de pensar. É momento de entrar em comunhão devida com Jesus e com os irmãos. Ceia é Eucaristia, amor fraterno, serviço, ação de graças.

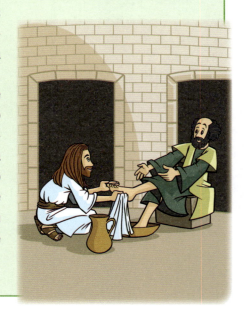

1 Momento de acolhida e oração

- Chegando a hora de sua paixão e morte, Jesus celebra um encontro de despedida com seus amigos. Ao redor da mesa, observamos os símbolos e fazemos silêncio em nossos corações e contemplamos Jesus e os apóstolos realizando a ceia.
- Dizer as frases em forma de oração, meditando-as.
    - Senhor, abençoa nosso encontro e ensina-nos a celebrar a vida.
    - Jesus, queremos sentir em nossa vida a tua presença.

- Dá-nos unidade e harmonia! Dá-nos amizade e generosidade!
- Senhor, ensina-nos a celebrar, todos os dias, a ceia da vida e do amor.

2 Jesus Verdade! Ajuda-me a conhecer a Tua Palavra

- Leitura do texto bíblico: João 13,1-16.

3 Jesus Caminho! Abre meu coração para acolher a Tua vontade

- O lava-pés é um momento muito importante da vida da caminhada de Jesus com seus discípulos. Para entendê-lo bem, fique atento à leitura de seu catequista e encenação de seus colegas, sobre esse momento.
- O que esse texto diz para mim? Qual a lição que nos dá?
- Como podemos viver o ensinamento de Jesus?

4 Jesus Vida! Fortalece a minha vontade para viver a Tua Palavra

- No silêncio do nosso coração, vamos fazer uma oração e escrevê-la pedindo que Jesus nos ensine a servir.

- Diante do grande gesto de amor de Jesus e do seu ensinamento, vamos partilhar a oração que escrevemos. Após cada oração, todos repetem: Jesus, ensina-nos a servir.

5 Compromisso

- Faça anotações sobre o que julgou importante do encontro de hoje.

- Trazer para o próximo encontro, algum fato ou realidade, fotos, figuras que conhecemos e que mostram a injustiça social.

- Assumir o compromisso de participar da celebração da comunidade na Quinta-Feira Santa, junto com a família.

Anotações Pessoais

Data / /

15º Encontro

Jesus sofre perseguição até ser morto

Com o batismo, Jesus dá início à sua missão. O cumprimento dessa missão custou-lhe a vida. O poder, a ganância e a vaidade cegam as pessoas. Jesus, porém, não desistiu de sua obrigação. Com clareza cumpre sua missão até o fim. Foi para isso que o Pai o enviou. Ao longo de sua vida, colocou-se contra o que era injusto. Era amigo de todos, recuperou a saúde de muitos doentes, valorizou a vida. Não aceitava as leis injustas do seu tempo e sempre defendeu as pessoas. Isso foi criando raiva, inveja e dificuldade com as autoridades da época. Por isso queriam acabar com Ele.

1 Momento de acolhida e oração

- Conversar sobre o significado das imagens e realidades presentes na letra do canto *Seu nome é Jesus Cristo*, que seu catequista irá apresentar.

- Existem sinais de morte de cruz, de sofrimento em nossas famílias, na comunidade e na sociedade de hoje? Quais são?

59

2 Jesus Verdade! Ajuda-me a conhecer a Tua Palavra

- Leitura do texto bíblico: Lucas 22,54–23,27.

3 Jesus Caminho! Abre meu coração para acolher a Tua vontade

- Para pensar: O que esses sofrimentos retratados nas figuras têm a ver com o sofrimento de Jesus?

- Para responder:

> A perseguição e tortura sofridas por Jesus continuam presentes no mundo de hoje. Onde as observamos?
>
> _____
> _____
> _____
> _____

4 Jesus Vida! Fortalece a minha vontade para viver a Tua Palavra

- Formar uma cruz, no chão da sala de encontro, com as figuras que mais chamaram a atenção.
- Contemplar em silêncio e ver na cruz o sofrimento de Jesus.
- Pense e responda: Por que Jesus foi pregado na cruz?

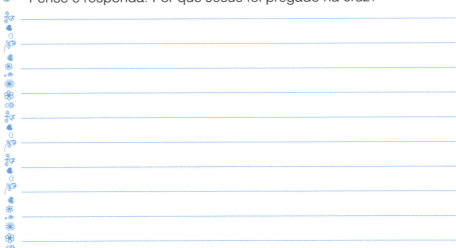

Oração

Querido Jesus, por amor a cada um de nós e ao mundo todo, aceitaste ser preso e torturado. Obrigado por tanto amor! Que eu aprenda a fazer o bem aos outros. Hoje, te peço pelas muitas pessoas que estão sofrendo: doentes, abandonados, torturados, mas sobretudo, pelos que estão sofrendo injustamente, caluniados, condenados por um mal que não fizeram. Eu te peço um mundo de amor e de paz para todos. Amém.

5 Compromisso

- Combinar com o grupo um momento para irem à igreja rezar e contemplar os quadros da Via-Sacra, se possível.

- A partir do tema trabalhado neste encontro, escreva o que entendeu do encontro.

- Observar onde a cruz de Jesus está presente nas ruas, no bairro, na comunidade. Depois, registre no seu caderno.

- Assumir o compromisso de participar na comunidade, com a família, de algum momento comunitário na Sexta-Feira Santa.

Anotações Pessoais

16º Encontro

Data   /   /

Jesus ressuscitou!

Ressuscitar não é viver de novo. É muito mais do que isso: é entrar na eternidade da vida verdadeira. É passar pela vida terrena, passar pela morte corporal e ir ao encontro de Deus, onde está a felicidade. Jesus ressuscita para nos abrir, definitivamente, esse caminho que leva à intimidade com Deus. Superando todas as limitações humanas e terrenas, e a pior delas, que é a morte, Jesus, na sua ressurreição, nos tornou herdeiros do Reino de Deus.

1 Momento de acolhida e oração

- Acender a vela enquanto se canta.
- Celebramos com alegria a Páscoa de Jesus. Celebrar a Páscoa é ressuscitar como Jesus, vencer a morte, a escuridão, o medo e o pecado. A ressurreição de Jesus é a nossa alegria.

2 Jesus Verdade! Ajuda-me a conhecer a Tua Palavra

- Leitura do texto bíblico: João 20,1-10.

3 Jesus Caminho! Abre meu coração para acolher a Tua vontade

- Encenar o fato da ressurreição.
- O que a Palavra de Deus diz para nós?

● Quais são os sinais de vida, de ressurreição que acontecem entre nós? Faça uma lista.

● Quando nós somos anunciadores de Jesus ressuscitado?

4 **Jesus Vida! Fortalece a minha vontade para viver a Tua Palavra**

Oração

Ó Deus, que pela vossa ressurreição devolvestes a alegria ao mundo, nós vos pedimos, concedei a todos nós a graça de vivermos alegres e como irmãos. Por Cristo Nosso Senhor. Amém.

5 Compromisso

⊙ Escreva: O que significa ressuscitar? Para ler no próximo encontro.

⊙ Ler na Bíblia o texto do encontro de hoje com a família e responder:

- Jesus venceu a morte e caminha conosco. Eu acredito?
- Quais são os sinais de morte do nosso tempo?
- Como podemos vencê-los?
- Como manifestamos que caminhamos com Jesus?

⊙ Visitar alguma pessoa doente da comunidade, partilhando com ela a alegria da ressurreição de Jesus.

Anotações Pessoais

Data / /

Fazer o bem é viver a ressurreição

Estamos vivendo a alegria da Páscoa, da ressurreição, tempo de vida nova. Lembramos que Jesus venceu a morte e nos trouxe a vida nova. Nós experimentamos essa alegria, vivemos a ressurreição quando fazemos o bem a todos. Nós vivemos numa sociedade de egoísmo. É uma sociedade que deixa de lado muitos, acolhe somente quem produz muito e serve aos interesses daqueles que mandam no mundo. Essa mentalidade está dentro de todas as pessoas. As atitudes e o ensinamento de Jesus são necessários no mundo de hoje para que haja mais fraternidade entre as pessoas. A vida cristã pede ações que defendem a vida e que vão ao encontro dos mais necessitados.

1 Momento de acolhida e oração

- Iniciar com o sinal da cruz.
- Conhecemos pessoas em nossa comunidade que fazem como Jesus, que têm ações e gestos de solidariedade?
- O que é viver a ressurreição em nosso dia a dia?

_____
_____
_____
_____

2 Jesus Verdade! Ajuda-me a conhecer a Tua Palavra

❯ Leitura do texto bíblico: Marcos 10,46-53.

3 Jesus Caminho! Abre meu coração para acolher a Tua vontade

❯ O que esta Palavra diz para nós?

❂❀ _____
_____
_____
_____

❯ Pense e converse com os colegas: Que relação existe entre a Palavra de Deus e as realidades que conversamos no início do encontro?

▪ Que atitudes novas Jesus ensina para mim?

❂❀ _____
_____
_____
_____

4 Jesus Vida! Fortalece a minha vontade para viver a Tua Palavra

❯ O que essa história nos faz dizer a Deus?

❯ Cada um, em silêncio, escreva uma oração e depois reze em voz alta para todo o grupo.

❯ Rezar juntos o Salmo 27 da Bíblia: O Senhor é minha luz e minha salvação.

Oração

Que maravilha, Jesus, a tua presença libertadora no meio dos pobres e dos simples. Tomara que todos os pobres de hoje te encontrem e passem a se apoiar mutuamente, na dor, na fome, na luta pela justiça. Tua presença, Jesus, é amor que cura, dávida, socorre, consola, liberta. Hoje eu te peço, Jesus, a graça de ser uma pessoa que, a teu exemplo, cuida das pessoas que precisam de ajuda. Cura-me da cegueira do coração, da morte que vem do egoísmo e ajuda-me a fazer os outros felizes. Amém.

5 Compromisso

- Que ação podemos assumir, como grupo, para melhor viver o ensinamento de Jesus que apreendemos no encontro de hoje?
- Ler o texto bíblico que foi refletido no grupo, com sua família.

Anotações Pessoais

Data / /

18º Encontro

De Jesus ressuscitado nasce a Igreja

A morte de Jesus deixou os discípulos perdidos e, até certo ponto, confusos e incrédulos. Mas Jesus ressuscitado vem lhes trazer a paz interior e a força para seguir em frente na missão. Eles, apesar de todo o sofrimento, se mantiveram unidos na oração e na leitura da Palavra de Deus. Foram sentindo que Jesus, não mais presente entre eles, agora lhes dava disposição e ânimo novo na vida. Eles iniciaram um grupo que assumiu a sua missão. Isso os fez ser Igreja de Jesus no meio do mundo para levar aos povos o Evangelho. Na força do ressuscitado, eles se sentiram enviados.

1 Momento de acolhida e oração

- Acender a vela. Cada um faça sua oração pessoal agradecendo a Deus pelo grupo que está novamente reunido em nome de Jesus ressuscitado.

2 Jesus Verdade! Ajuda-me a conhecer a Tua Palavra

- Leitura do texto bíblico: Marcos 16,9-18.

3 Jesus Caminho! Abre meu coração para acolher a Tua vontade

- Quem deve assumir a missão de evangelizar?
- O que poderia ser melhor em nossa comunidade-igreja?

_____
_____
_____
_____

4 Jesus Vida! Fortalece a minha vontade para viver a Tua Palavra

- O que a Palavra de Deus e o encontro de hoje me fazem dizer a Deus?
- Escreva sua oração.

Oração

Jesus, ajuda-nos a amar aqueles que não são amados. Que sejamos capazes de ajudar os outros a viver e a repartir com amor os dons que possuímos. Que todas as riquezas do mundo possam ser repartidas, para que todas as pessoas tenham o necessário para viver com dignidade e sejam felizes. Abençoa, Jesus, a nossa família, a Igreja inteira que é a grande família de Deus. Amém.

5 | Compromisso

- Escrever o nome das pessoas que prestam serviços à sua comunidade ou ao bairro.

- Para o próximo encontro, trazer uma foto ou lembranças de batismo.

Anotações Pessoais

19º Encontro

Batismo de Jesus

Jesus também foi batizado como muitos do seu tempo que acolheram a pregação de João Batista. Esse João é aquele que lembramos nos encontros passados. Ele é o "precursor de Jesus", pois preparou os caminhos do Senhor. Jesus, ao ser batizado por João no rio Jordão, vive a solidariedade com o seu povo, junto com os pobres que esperavam por justiça em razão da opressão exercida pelo Império Romano. Iluminados pelo batismo de Jesus, vamos retomar o nosso batismo e o compromisso que nossos pais e padrinhos assumiram em nosso nome.

1 Momento de acolhida e oração

- Apresentar as lembranças do batismo, dizer o nome dos seus pais e padrinhos e, depois que cada um tiver dito, o grupo reza: Que Deus olhe por eles e os abençoe.

2 Jesus Verdade! Ajuda-me a conhecer a Tua Palavra

- Leitura do texto bíblico: Mateus 3,13-17.

3 | Jesus Caminho! Abre meu coração para acolher a Tua vontade

- Vamos conversar sobre o que sabemos do nosso batismo:
  - Onde cada um foi batizado, qual o padre ou ministro que celebrou o batizado?
  - Qual é a data do batismo?

_____
_____
_____
_____

4 | Jesus Vida! Fortalece a minha vontade para viver a Tua Palavra

- Silenciar o coração, sentir que somos filhos amados e queridos de Deus.
- Faça sua oração pessoal.

O que quer dizer a Jesus hoje?

Oração

Jesus, tu amas muito a cada um de nós, pois nós somos filhos amados de Deus. Diante de nós temos a água e a vela, que são símbolos do batismo. Fomos batizados com água, em nome do Pai, do Filho e do Espírito Santo. Nossos pais e padrinhos se comprometeram a manter viva a chama da tua luz em nosso coração. Ajuda-nos a sempre acreditar em ti e a seguir teus ensinamentos. Amém.

5 Compromisso

- Que o grupo participe, na comunidade, de uma celebração onde acontecem os batizados.

- Procurar na comunidade a equipe da pastoral do batismo para que explique os gestos e símbolos usados no batismo (água, óleo, luz, veste branca).

Anotações Pessoais

Missão de Jesus

Todos nós temos uma missão na vida e no mundo. Jesus, com o seu batismo, anuncia qual será sua missão. Ele manifesta a seus discípulos que sua missão não será de honras, nem de sucesso, mas de serviço e solidariedade com os pobres, sofredores, marginalizados e excluídos da sociedade. Convida-os a segui-lo na mesma missão e diz: "Quem quiser vir após mim, renuncie a si mesmo, tome a sua cruz e me siga." (cf. Mt 16,24). Assim como nós temos planos, para a vida, Jesus também tinha o seu projeto: organizar o Reino de Deus e sua Justiça. Era o projeto do Pai. A Bíblia nos mostra qual era seu projeto.

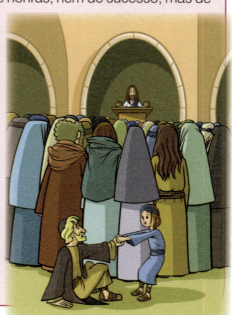

1 Momento de acolhida e oração

- Recordando que fomos batizados em nome da Santíssima Trindade fazer o sinal da cruz, expressando por meio dele nosso compromisso com Jesus e sua missão.

2 Jesus Verdade! Ajuda-me a conhecer a Tua Palavra

- Leitura do texto bíblico: Lucas 4,16-21.

❂ Escreva a frase ou versículo que mais gostou.

3 | Jesus Caminho! Abre meu coração para acolher a Tua vontade

❂ Encenar essa passagem do Evangelho, combinando com catequista e colegas a divisão de papéis dos personagens.

❂ Depois responder:

▪ Para quem Jesus foi enviado?

▪ Com que pessoas e grupos Jesus realiza sua missão?

▪ O que isso nos ensina?

▪ Qual é a nossa missão, hoje, aqui nesta realidade que vivemos?

4 Jesus Vida! Fortalece a minha vontade para viver a Tua Palavra

- Cada um, no silêncio do seu coração, vai dizer a Jesus o que pensa fazer de bem para os outros. Assim, cada um estará vivendo o seu batismo.

- Escreva:

  - Qual é sua missão?

  _____
  _____
  _____
  _____
  _____

  - Como você sonha viver? Qual é o seu projeto para ser fiel ao seu batismo?

  _____
  _____
  _____
  _____
  _____
  _____
  _____
  _____
  _____

- Colocar a mão no ombro de quem está ao nosso lado, ficando abraçados. Com isso, queremos simbolizar que, juntos, seremos fortes para viver o projeto de Jesus e aquele projeto que cada um fez para ser fiel ao batismo. E assim, abraçados vamos cantar e rezar seguindo a orientação do catequista.

Oração

Que maravilha, Jesus, a tua presença libertadora no meio dos pobres e dos simples. Tomara que todos os pobres de hoje te encontrem e passem a se apoiar uns aos outros na dor, na fome, na luta por justiça. Tua presença, Jesus, é amor que cura, dá vida, socorre, consola, liberta. Hoje eu te peço, Jesus, a graça de ser uma pessoa que a teu exemplo, cuida das pessoas que precisam de ajuda. Cura as cegueiras do coração, tira de mim o egoísmo e ajuda-me a fazer os outros felizes. Amém.

5 Compromisso

- Ler, em família, o mesmo texto do Evangelho que foi lido e refletido neste encontro.
- Contar aos familiares qual era o projeto de Jesus. Qual foi a sua missão?
- Escolher, como família, algo bem concreto que possa fazer para ser fiel ao seu batismo e à missão de Jesus.

Anotações Pessoais

21º Encontro

Jesus envia o Espírito Santo aos apóstolos

Jesus havia prometido que não deixaria os discípulos abandonados e órfãos. Disse: "Eu estarei convosco todos os dias, até o final dos tempos"(Mt 28,20) Disse, ainda. "Eu enviarei um advogado que vos esclarecerá tudo o que eu vos disse. Este é o Espírito da Verdade"(Jo 14, 25-26). O Espírito Santo, no Pentecostes (cinquenta dias depois da Páscoa) vem sobre os discípulos que estavam reunidos com Maria, a Mãe de Jesus e os enche de coragem. Quem está com Jesus, morto e ressuscitado, tem a força do Espírito Santo e seguirá com ânimo renovado e verdadeira convicção no cumprimento da missão.

1　Momento de acolhida e oração

- Começar fazendo o sinal da cruz pedindo que o Espírito Santo ilumine a sua vida e lhe conceda o ânimo para cumprir sua missão de cristão.

2 Jesus Verdade! Ajuda-me a conhecer a Tua Palavra

O Espírito Santo faz lembrar, compreender e continuar o testemunho de Jesus nas primeiras comunidades.

- Leitura do texto bíblico: Atos dos Apóstolos 2,1-8.

3 Jesus Caminho! Abre meu coração para acolher a Tua vontade

- O que diz para nós esse fato dos Atos dos Apóstolos?
- O que esse relato tem a ver com Jesus?
- O que tem a ver comigo?

4 Jesus Vida! Fortalece a minha vontade para viver a Tua Palavra

- Cada um faz uma prece dizendo sobre quem quer invocar a presença e a força do Espírito Santo. Após cada prece, todos cantam, seguindo as orientações do catequista.

Oração

Obrigado Jesus, por ter enviado aos apóstolos o Espírito Santo. Continua a enviar o mesmo Espírito sobre nós, sobre nossas famílias, sobre o nosso grupo de catequese e sobre a nossa comunidade.

Todos: Vinde, Espírito Santo, enchei o coração dos vossos filhos e filhas e acendei neles o fogo do vosso amor. Enviai o vosso Espírito e tudo será criado e renovareis a face da Terra.

5 Compromisso

> Desenhar um símbolo do Espírito Santo e escrever uma frase relacionada com o tema refletido.

> Participar da missa no dia de Pentecostes.
> Ler Atos dos Apóstolos 2,1-8 com a família.

Anotações Pessoais

Jesus ressuscitado ensina a partilhar

Há um gesto que é característico do cristão: a partilha. Será nessa atitude de vida que o mundo reconhecerá que somos seguidores de Jesus e que temos como missão construir a fraternidade e a justiça entre as pessoas. Quem reparte sua vida com os outros se mostra ao mundo como discípulo da verdade. Repartir a vida significa ter tempo para os outros, valorizar e dar a mão às pessoas, distribuir os bens e lutar por um mundo de igualdade, onde todos tenham vida e vida em abundância.

1 Momento de acolhida e oração

- Acender a vela, símbolo do ressuscitado e cantar, seguindo orientação do catequista.

2 Jesus Verdade! Ajuda-me a conhecer a Tua Palavra

- Leitura do texto bíblico: João 6,1-15.

❯ Anote o que chamou sua atenção: pessoas, ações, gestos e palavras.

3 Jesus Caminho! Abre meu coração para acolher a Tua vontade

❯ O que Jesus nos ensina com essa história?

❯ O que Ele nos desafia a sermos e a fazermos como seus seguidores?

4 Jesus Vida! Fortalece a minha vontade para viver a Tua Palavra

❯ Cada um olhe para o pão que está bandeja, preparada pelo catequista, e faça uma oração, em silêncio.

5 Compromisso

❯ Que gesto concreto nós podemos fazer para viver a partilha entre nós, aqui no grupo e com as pessoas da nossa convivência?

- Com criatividade, desenhar gestos de partilha, solidariedade, trazendo presente a nossa realidade.

- Procurar ajudar a não desperdiçar alimentos.

Anotações Pessoais

Data / /

Jesus nos pede um coração bom

Para falar ao povo simples, Jesus fazia comparações através de historinhas, que a Bíblia chama parábolas. E para dizer que devemos ter o coração bem preparado para receber os ensinamentos de Jesus, Ele contou a história do semeador. Fala da boa semente que precisa cair no coração das pessoas como deve cair em terreno bom. Só assim vai produzir frutos bons e verdadeiros.

1 Momento de acolhida e oração

- Somos pequenas sementes plantadas no coração de Deus. Ele quer que germinemos e cresçamos na fé.

2 Jesus Verdade! Ajuda-me a conhecer a Tua Palavra

- Leitura do texto bíblico: Lucas 8,5-15.

3 Jesus Caminho! Abre meu coração para acolher a Tua vontade

- O que essa Palavra diz para nós, catequizandos?
- Vamos olhar para os símbolos que o catequista trouxe e buscar compreender o que eles nos falam.

- Cada um semeia as sementes que recebeu em algum ponto do caminho que está preparado.
- Elabore uma história em quadrinhos representando a cena do Evangelho.

4 Jesus Vida! Fortalece a minha vontade para viver a Tua Palavra

- Para participar da atividade siga as orientações do seu catequista.

- Após a atividade, todos beijam a Bíblia acolhendo a Palavra de Deus no coração, como a terra boa, e assim, prontos para produzir muitos frutos.

Oração

Agradeço-te, Jesus, por me ensinares como devo ter meu coração, sempre preparado para acolher a semente da tua Palavra. Com amor e atenção, quero escutar o que me tens a dizer. Amém!

5 Compromisso

- Ler em casa, junto com a família, essa história que Jesus contou no Evangelho de Lucas 8,5-15.

Anotações Pessoais

Data / /

O maior mandamento

Todos os mandamentos da Lei de Deus podem ser reunidos e resumidos em apenas dois: amar a Deus e ao próximo. Esses são os grandes e principais mandamentos. Todos os demais dependem desses dois. Todos os dias devemos nos fazer essas duas perguntas: Como devo viver para, verdadeiramente, amar a Deus acima de tudo? E quem é o próximo daquele que mais precisa?

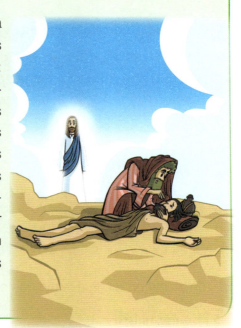

1 Momento de acolhida e oração

- Traçar o sinal da cruz na testa dos colegas dizendo: o amor de Deus esteja sempre presente em sua vida!.

2 Jesus Verdade! Ajuda-me a conhecer a Tua Palavra

- Leitura do texto bíblico: Lucas 10,25-37.

3 Jesus Caminho! Abre meu coração para acolher a Tua vontade

- O que nos ensina essa Palavra de Deus?
- O que significa fraterno amor?

❯ Qual é a mensagem dessa parábola para nós?

---

4 | **Jesus Vida! Fortalece a minha vontade para viver a Tua Palavra**

❯ Em silêncio, cada um, lembrando o texto bíblico, escreva sua oração sobre o que a Palavra me faz dizer a Deus. Depois de um tempo, cada um lê a oração que escreveu, em voz alta.

❯ Procurar na Bíblia e rezar juntos o Salmo 112.

5 | **Compromisso**

❯ A partir do que foi conversado no encontro, escolher um compromisso que deve ser assumido por todos. Depois escrevê--lo para lembrar de vivê-lo durante a semana.

❯ Nesta semana, vamos cuidar mais da separação do lixo em casa e na escola e ajudar os colegas a fazerem o mesmo.

Anotações Pessoais

25º Encontro

Minha vida de oração: Pai-Nosso

A oração que Jesus nos ensinou a rezar nos diz que Deus é nosso Pai e é assim que Jesus quer que chamemos a Deus. Essa oração nos coloca na condição de irmãos e irmãs, pertencentes à mesma família de Deus, da qual Ele é nosso Pai. Somos em Jesus, irmãos uns dos outros, pois o próprio Jesus se faz nosso irmão. A oração do Pai-Nosso nos lembra que colocamos todas as nossas esperanças em Deus e é junto com as pessoas que crescemos na fraternidade e na construção do Reino de Deus.

1 Momento de acolhida e oração

- Conversar sobre estas perguntas:
    - Qual a importância da oração na nossa vida?
    - Como eu faço a minha oração?
    - Quando eu rezo?
    - Por que eu rezo?

2 Jesus Verdade! Ajuda-me a conhecer a Tua Palavra

- Leitura do texto bíblico: Mateus 6,7-15.

3 Jesus Caminho! Abre meu coração para acolher a Tua vontade

- Quando rezamos o Pai-Nosso?
- Que sentido tem essa oração para nós?
- Vamos perceber quais são os pedidos que fazemos a Deus nesta oração.
- Copiar e ilustrar um pedido do Pai-Nosso.

4 Jesus Vida! Fortalece a minha vontade para viver a Tua Palavra

- Rezar juntos, devagar, de mãos dadas, cada parte da oração do Pai-Nosso e depois dizer o que mais chamou a atenção.

5 Compromisso

- Rezar em casa, com a família, uma vez ao dia, todos juntos, a oração do Pai-Nosso.
- Convidar a família a participar da celebração do domingo quando receberá a oração do Senhor.

Anotações Pessoais

Data / /

26º Encontro

A missa:
oração da Igreja

Já conversamos e sabemos que Jesus nos ama muito. Ele sempre vem ao nosso encontro. Está ao nosso lado em nosso dia a dia. A sua presença nos momentos mais importantes de nossa vida é sentida de forma muito especial.

A missa é um dos momentos importantes da vida. Somos batizados e discípulos seguidores de Jesus. A missa é o encontro da grande família dos amigos e amigas de Jesus, filhos e filhas de Deus. A missa é o lugar do banquete de Deus: aí estão a mesa da Palavra de Deus e a mesa da Eucaristia. Na primeira, repartimos o pão da Palavra de Deus, com o qual orientamos nossa caminhada. Na segunda, repartimos o Pão do Corpo e Sangue do Senhor, que nos fortifica na caridade e na esperança. Nessa oração comunitária, colocamos diante de Deus, junto dos nossos irmãos e irmãs, a nossa vida, as alegrias, as tristezas, as nossas angústias e nossas esperanças.

1 **Momento de acolhida e oração**

- Conversar com os colegas sobre a oração do Senhor, o Pai-Nosso e depois rezá-la de mãos dadas.

2 **Jesus Verdade! Ajuda-me a conhecer a Tua Palavra**

- Leitura do texto bíblico: Lucas 22,7-19.

3 **Jesus Caminho! Abre meu coração para acolher a Tua vontade**

- O que este texto diz para nós?
- Que ensinamentos levamos para nossa vida?
- Vocês já participaram de alguma missa? Gostaram?
- Que semelhança tem com o que Jesus fez na última ceia com a missa?
- Escrever:

O que mais gosta na missa?

Quais as palavras que o padre diz e que são as mesmas que Jesus pronunciou?

4 **Jesus Vida! Fortalece a minha vontade para viver a Tua Palavra**

- Em silêncio, olhando para o pão e o vinho que seu catequista trouxe para o encontro, para a Palavra de Deus, faça uma oração de agradecimento a Jesus, lembrando que Ele deixou para nós este grande dom que é a sua Palavra e a Eucaristia.

5 **Compromisso**

- Todo o grupo é convidado a participar da próxima missa na comunidade e observar os gestos e as ações que acontecem para poder confrontar com o que foi refletido neste encontro.
- Combinar com a pessoa responsável no cuidado com os objetos que são usados na missa para mostrar e explicar seu sentido litúrgico.
- Convidar as pessoas de sua família a participar da missa da comunidade.

Anotações Pessoais

Anexos

Anexo 1

Data / /

Celebrando nosso(a) padroeiro(a)

Todos nós somos chamados a ser santos. Os santos foram pessoas como nós, simples, trabalhadores, mas fiéis à Palavra e aos ensinamentos de Jesus. São pessoas como nós, mas que procuraram viver como Jesus ensinou. Celebrar a festa do(a) santo(a) padroeiro(a) significa viver a fé em Jesus Cristo e testemunhá-lo entre as pessoas.

1 Momento de acolhida e oração

- Iniciar cantando o sinal da cruz e rezar juntos a oração do Pai-Nosso.

2 Jesus Verdade! Ajuda-me a conhecer a Tua Palavra

- Leitura do texto bíblico: Mateus 4,18-22.

3 **Jesus Caminho! Abre meu coração para acolher a Tua vontade**

- O que essa Palavra de Deus nos ensina?

- Vamos escrever o nome de quatro apóstolos e o que faziam.

4 **Jesus Vida! Fortalece a minha vontade para viver a Tua Palavra**

- O que a vida do santo me faz dizer a Deus? Qual a oração que nasce dentro de mim? (Silêncio.)

- Rezemos respondendo a cada invocação: Ajuda-me a seguir Jesus.

  1. (Nome do santo), acreditou na pessoa de Jesus e o seguiu, pedimos...
  2. "Leu, estudou e viveu a Palavra de Jesus", pedimos...
  3. "Viveu em comunidade, fazendo o bem a todos", pedimos...
  4. "Ajudou as pessoas necessitadas com amor", pedimos...
  5. "Morreu acreditando na vida eterna e no Reino dos Céus", pedimos.
  6. "Abençoe nossa comunidade e nossa vida", pedimos...

- Rezemos assim como todos os santos rezavam a oração do Pai-Nosso.

- Canto:

  Santo Antonio rogai por nós
  Intercedei a Deus por nós!...
  São José...

5 Compromisso

- Inteirar-se da programação da comunidade para a festa e tomar parte dela.
- Providenciar uma figura ou um símbolo do(a) padroeiro(a).
- Deixar, durante a semana, a Bíblia aberta em Mateus 4,18-22. (Ler durante a semana.)
- Contar no próximo encontro: O que foi feito na comunidade?
- Escreva uma oração ao santo de sua devoção para que te ajude a seguir a Jesus.

Anotações Pessoais

Data   /   /

Vocação: chamado e resposta de amor

Vocação é um chamado de Deus e a resposta é da pessoa. A vocação está presente em cada ser humano. É como uma semente que, ao encontrar condições favoráveis, germina e produz frutos. Sempre que alguém nos chama, nós escutamos o que tem a nos dizer e respondemos. Assim, se estabelece um diálogo entre quem chama, propondo algo, e quem responde. Na vocação, a resposta pode ser afirmativa, SIM, ou negativa, NÃO. Depende da nossa disponibilidade e generosidade.

1 Momento de acolhida e oração

- Cantar o sinal da cruz e rezar a oração do Pai-Nosso.
- Para conversar: O que você já ouviu falar de vocação?
    - Onde vivemos a nossa vocação?
    - Como Deus nos chama?
    - Como percebemos o seu chamado?
    - O que acontece quando a pessoa se sente chamada por Deus para uma determinada vocação?

2 **Jesus Verdade! Ajuda-me a conhecer a Tua Palavra**

- Vamos aclamar o Evangelho cantando.
- Leitura do texto bíblico: Marcos 3,13-19. (Ler quantas vezes for necessário para entender bem.)

3 **Jesus Caminho! Abre meu coração para acolher a Tua vontade**

- O que esse texto da Bíblia diz para mim?
- Observe o cenário que seu catequista preparou. Depois, escreva uma frase para expressar o que é amar, para você.

Amar é...

- Quais são as nossas perguntas sobre o assunto VOCAÇÃO?

4 **Jesus Vida! Fortalece a minha vontade para viver a Tua Palavra**

- Em silêncio, olhando para o crucifixo, rezar pedindo a Jesus que nos ajude a escolher bem a nossa vocação e a melhor forma de servir as pessoas e sermos felizes.

Oração vocacional

Jesus, Divino Mestre, que chamastes os apóstolos a vos seguirem, continuai a passar pelos nossos caminhos, pelas nossas famílias, pelas nossas escolas, pelas nossas comunidades e continuai a repetir o convite a muitos de nossos jovens. Dai coragem às pessoas convidadas. Dai força para que vos sejam fiéis como apóstolos leigos, como sacerdotes, como religiosos e religiosas, para o bem do Povo de Deus e de toda a humanidade. Amém.

5 | Compromisso

- O grupo pode assumir alguma atividade concreta para viver bem a semana, de acordo com o chamado de Deus.

- Fazer uma lista dos dons que cada um reconhece ter recebido de Deus e ver como os estão colocando a serviço da vida e das pessoas.

- Procurar saber se na sua comunidade existe o serviço de animação vocacional e quem faz parte. Se achar oportuno, convidar alguém dessa equipe para falar sobre o tema vocação.

Anotações Pessoais

Data / /

Ser missionário

O tema das Missões nos lembra que todos nós, pelo batismo, somos chamados a ser missionários. Em cada ano, o mês das Missões nos lembra esse compromisso e o dever de ajudar por meio de orações, sacrifícios, ações concretas em favor dos nossos irmãos e irmãs. Os missionários são muitos e há também várias maneiras de sermos missionários. Jesus também foi missionário, foi enviado pelo Pai, para vir ao mundo, estar no meio de nós e deixar sua mensagem de salvação. Jesus, em sua pregação, acolheu pessoas de vários lugares e mostrou que Ele veio para salvar todos e, no fim de sua missão, enviou os apóstolos pelo mundo inteiro, porque o amor de Jesus não conhece fronteiras.

1 Momento de acolhida e oração

- Em nome da Trindade fomos batizados, em nome da Trindade estamos reunidos, em nome da Trindade somos enviados em missão, por isso cantemos o sinal da cruz.
- Vamos conversar:
  - O que sabemos sobre o que é missão?

- Quem são e onde estão os missionários?
- Você conhece alguma pessoa missionária?
- O que fazem os missionários?

2 Jesus Verdade! Ajuda-me a conhecer a Tua Palavra

- Leitura do texto bíblico: Lucas 4, 14-21.

3 Jesus Caminho! Abre meu coração para acolher a Tua vontade

- O que essa Palavra de Deus nos ensina?
- Vamos olhar para os símbolos que estão no meio de nós. O que eles nos dizem?
- Onde nós podemos ser missionários e de que forma?

4 Jesus Vida! Fortalece a minha vontade para viver a Tua Palavra

— **Oração** —

Senhor Jesus Cristo, Tu que passaste pelo mundo fazendo o bem a todos, concede-nos o ardor missionário para ir ao encontro dos povos desconhecidos, das diferentes culturas levando a semente do evangelho. Dá-nos uma fé que não conheça limites, para testemunhar a todos o amor do Pai. Amém.

5 Compromisso

- O que vamos fazer para ser missionários em nossa casa, na escola, aqui em nossa comunidade?
- Fazer uma visita missionária, levando uma palavra de fé, de conforto, de alegria a uma creche ou a algum doente ou a alguma instituição que precisa da presença amiga e da Palavra de Deus.
- Durante esta semana, vamos reservar um valor em dinheiro, fruto de nossa renúncia, de sacrifício de alguma coisa boa que gostar para ajudar os missionários.

Anotações Pessoais

Anexo 4

Data   /   /

O dízimo e a catequese: Amo minha Igreja! Sou dizimista!

A vida das pessoas é marcada pela liberdade, que é dom de Deus, e pela capacidade de reconhecer os dons recebidos e sermos agradecidos. O reconhecimento e a gratidão enobrecem a pessoa. Quem tem fé sabe agradecer e isto ajuda a viver com maior alegria. Amo minha Igreja! Sou dizimista! Ser dizimista é sentir-se parte, membro da comunidade, do Povo de Deus.

1 Momento de acolhida e oração

- Iniciar este momento cantando o sinal da cruz.
- Rezar juntos a oração do Pai-Nosso.

2 Jesus Verdade! Ajuda-me a conhecer a Tua Palavra

- Leitura dos textos bíblicos: Atos dos Apóstolos 2, 44-47 e Evangelho de Mateus 6, 3-4.

3 **Jesus Caminho! Abre meu coração para acolher a Tua vontade**

- O que a Palavra de Deus diz para mim? Para o nosso grupo?

- O que sabemos sobre o dízimo em nossa comunidade? Sua família é dizimista?

- Você que é batizado e participa da Igreja já é dizimista? Gostaria de ser?

- De que forma agradecemos a Deus por tanta coisa que Ele nos dá?

4 **Jesus Vida! Fortalece a minha vontade para viver a Tua Palavra**

- Com as letras preparadas pelo catequista vamos formar as palavras: "obrigado" e "gratidão".

- Diante das palavras e da Palavra de Deus que ouvimos, hoje, qual a oração que vamos fazer a Deus?

- Diante da vela acesa, da Bíblia e das palavras "obrigado" e "gratidão", façamos espontaneamente uma ladainha respondendo após cada invocação: "Obrigado, Senhor".

Oração

Recebei Senhor a minha oferta. Fazei de mim um dizimista consciente e alegre. Que cada dízimo que eu der, seja um verdadeiro agradecimento, um ato de amor, o reconhecimento de tua bondade para comigo. Sei que tudo que tenho de bom vem de ti: paz, saúde, amor, prosperidade, bens. Ajudai-me a partilhar com justiça e generosidade. Tira todo o egoísmo do meu coração. Que eu possa amar cada vez mais o meu irmão. Quero ser no mundo espelho de vosso amor e de vossa paz. E que meu dízimo seja fonte de bênçãos para mim, para minha família e para minha comunidade. Amém.

5 Compromisso

- Conversar em casa sobre o assunto de hoje. Procurar entender o que é dízimo e ver com os pais como a família participa do dízimo.

- Em muitos lugares existe o dízimo-mirim. As crianças e adolescentes reconhecem o quanto Deus é bom e, com gratidão, por meio da Igreja fazem a sua oferta.

- Como nós, catequizandos, vamos participar do dízimo? Qual será a nossa forma de participação?

Anotações Pessoais

ORAÇÕES DO CRISTÃO

Pelo sinal da santa cruz, livrai-nos Deus, Nosso Senhor, dos nossos inimigos. Em Nome do Pai e do Filho e do Espírito Santo. Amém!

Oferecimento do dia

Adoro-vos, meu Deus, amo-vos de todo o meu coração. Agradeço-vos porque me criastes, me fizestes cristão, me conservastes a vida e a saúde. Ofereço-vos o meu dia: que todas as minhas ações correspondam à vossa vontade, e que eu faça tudo para a vossa glória e a paz dos homens. Livrai-me do pecado, do perigo e de todo mal. Que a vossa graça, bênção, luz e presença permaneçam sempre comigo e com todos aqueles que eu amo. Amém!

Pai-Nosso

Pai nosso que estais nos céus, santificado seja o vosso nome; venha a nós o vosso reino, seja feita a vossa vontade, assim na terra como no céu.

O pão nosso de cada dia nos dai hoje; perdoai-nos as nossas ofensas, assim como nós perdoamos a quem nos tem ofendido; e não nos deixeis cair em tentação, mas livrai-nos do mal. Amém!

Ave-Maria

Ave Maria, cheia de graça, o Senhor é convosco; bendita sois vós entre as mulheres, e bendito é o fruto do vosso ventre, Jesus. Santa Maria, Mãe de Deus, rogai por nós, pecadores, agora e na hora de nossa morte. Amém!

Glória ao Pai e ao Filho e ao Espírito Santo. Como era no princípio, agora e sempre. Amém!

Salve Rainha

Salve, Rainha, Mãe de misericórdia, vida, doçura e esperança nossa, salve! A vós bradamos os degredados filhos de Eva. A vós suspiramos, gemendo e chorando neste vale de lágrimas. Eia, pois, advogada nossa, esses vossos olhos misericordiosos a nós volvei, e depois deste desterro, mostrai-nos Jesus, bendito fruto do vosso ventre, ó clemente, ó piedosa, ó doce e sempre Virgem Maria.

– Rogai por nós, Santa Mãe de Deus!

– Para que sejamos dignos das promessas de Cristo. Amém!

Saudação à Nossa Senhora (no tempo comum)

– O anjo do Senhor anunciou a Maria.

– E ela concebeu do Espírito Santo.

Ave Maria...

– Eis aqui a serva do Senhor.

– Faça-se em mim segundo a vossa Palavra.

Ave Maria...

– E o Verbo se fez carne.

– E habitou entre nós.

Ave, Maria...

– Rogai por nós, Santa Mãe de Deus.

– Para que sejamos dignos das promessas de Cristo.

Oremos: Infundi, Senhor, como vos pedimos, a vossa graça em nossas almas, para que nós, que pela anunciação do anjo viemos ao conhecimento da encarnação de Jesus Cristo, vosso Filho, por sua paixão e morte sejamos conduzidos à glória da ressurreição. Pelo mesmo Cristo, Senhor nosso. Amém!

Para o Tempo Pascal REGINA COELI (Rainha do Céu)

– Rainha do céu, alegrai-vos, aleluia.

– Porque quem merecestes trazer em vosso puríssimo seio, aleluia.

–Ressuscitou como disse, aleluia.

– Rogai por nós a Deus, aleluia.

– Exultai e alegrai-vos, ó Virgem Maria, aleluia.

– Porque o Senhor ressuscitou verdadeiramente, aleluia.

Oremos: Ó Deus, que vos dignastes alegrar o mundo com a ressurreição do vosso Filho Jesus Cristo, Senhor nosso, concedei- nos, vo-lo suplicamos, que por sua Mãe, a Virgem Maria, alcancemos os prazeres da vida eterna. Pelo mesmo Senhor Jesus Cristo. Amém!

ANJO DE DEUS, que sois a minha guarda, e a quem fui confiado por celestial piedade, iluminai-me, guardai-me, protegei-me, governai-me. Amém!

Anjo da Guarda

Santo Anjo do Senhor, meu zeloso guardador, se a ti me confiou a piedade divina, sempre me rege, guarda, governa e ilumina. Amém!

Credo

Creio em Deus Pai todo-poderoso, criador do céu e da terra; e em Jesus Cristo, seu único Filho, nosso Senhor; que foi concebido pelo poder do Espírito Santo; nasceu da Vigem Maria, padeceu sob Pôncio Pilatos, foi crucificado, morto e sepultado. Desceu à mansão dos mortos; ressuscitou ao terceiro dia; subiu aos céus, está sentado à direita de Deus Pai todo-poderoso, donde há de vir a julgar os vivos e os mortos. Creio no Espírito Santo, na Santa Igreja Católica, na comunhão do santos, na remissão dos pecados, na ressurreição da carne, na vida eterna. Amém!

Oração para viver bem o dia

Maria, minha querida e terna mãe, colocai vossa mão sobre a minha cabeça. Guardai a minha mente, meu coração e meus sentidos, para que eu possa agradar a vós e ao vosso Jesus e meu Deus e, assim, possa partilhar da vossa felicidade no céu. Jesus e Maria, dai-me a vossa bênção: Em nome do Pai e do Filho e do Espírito Santo. Amém!

Ato de contrição I

Meu Deus, eu me arrependo de todo o coração de vos ter ofendido, porque sois tão bom e amável. Prometo, com a vossa graça, nunca mais pecar. Meu Jesus, misericórdia!

Ato de contrição II

Senhor, eu me arrependo sinceramente de todo mal que pratiquei e do bem que deixei de fazer. Pecando, eu vos ofendi, meu Deus e Sumo Bem, digno de ser amado sobre todas as coisas. Prometo, firmemente, ajudado com a vossa graça, fazer penitência e fugir das ocasiões de pecar. Senhor, tende piedade de mim, pelos méritos da paixão, morte e ressurreição de Jesus Cristo, Nosso Salvador. Amém!

Oração pela família

Pai, que nos protegeis e que nos destes a vida para participarmos de vossa felicidade, agradecemos o amparo que os pais nos deram desde o nascimento. Hoje queremos vos pedir pelas famílias, para que vivam na união e na alegria cristãs. Protegei nossos lares do mal e dos perigos que ameaçam a sua unidade. Pedimos para que o amor não desapareça nunca, e que os princípios do Evangelho sejam a norma de vida. Pedimos pelos lares em dificuldades, em desunião e em perigo de sucumbir, para que, lembrados do compromisso assumido na fé, encontrem o caminho do perdão, da alegria e da doação. A exemplo de São José, Maria Santíssima e Jesus, sejam nossas famílias uma pequena Igreja, onde se viva o amor. Amém!

Invocação ao Espírito Santo

Vinde, Espírito Santo, enchei os corações dos vossos fiéis e acendei neles o fogo do vosso amor. Enviai o vosso Espírito e tudo será criado, e renovareis a face da Terra.

Oremos: Deus, que instruístes os corações dos vossos fiéis com a luz do Espírito Santo, fazei que apreciemos retamente todas as coisas segundo o mesmo Espírito, e gozemos sempre de sua consolação. Por Cristo, Senhor Nosso. Amém!

Consagração a Nossa Senhora

Ó Senhora minha, ó minha Mãe, eu me ofereço todo(a) a vós, e em prova da minha devoção para convosco vos consagro neste dia e para sempre, os meus olhos, os meus ouvidos, a minha boca, o meu coração e inteiramente todo o meu ser. E porque assim sou vosso(a), ó incomparável Mãe, guardai-me e defendei-me como coisa e propriedade vossa.

Oração pelas vocações

Jesus, Divino Mestre, que chamastes os apóstolos a vos seguirem, continuai a passar pelos nossos caminhos, pelas nossas famílias, pelas nossas escolas e continuai a repetir o convite a muitos dos nossos jovens. Dai coragem às pessoas convidadas. Dai força para que vos sejam fiéis como apóstolos leigos, como sacerdotes, como religiosos e religiosas, para o bem do povo de Deus e de toda a humanidade. Amém!

Mandamentos

Os dez mandamentos da lei de Deus são:

1. Amar a Deus sobre todas as coisas.

2. Não tomar seu santo Nome em vão.

3. Guardar domingos e festas.

4. Honrar pai e mãe.

5. Não matar.

6. Não pecar contra a castidade.

7. Não furtar.

8. Não levantar falso testemunho.

9. Não desejar a mulher do próximo.

10. Não cobiçar as coisas alheias.

Os mandamentos da Igreja são:

1. Participar da missa nos domingos e nas festas de guarda.

2. Confessar-se ao menos uma vez ao ano.

3. Comungar ao menos na Páscoa da ressurreição.

4. Jejuar e abster-se de carne conforme manda a Igreja.

5. Contribuir com o dízimo e ajudar a Igreja em suas necessidades.

Os mandamentos da caridade são:

1. Amarás ao Senhor teu Deus, de todo o teu coração, de toda a tua alma e de toda a tua mente.

2. Amarás o teu próximo como a ti mesmo.

Pecados Capitais

Os sete pecados capitais são:

1. Gula
2. Vaidade
3. Luxúria
4. Avareza
5. Preguiça
6. Cobiça
7. Ira

Sacramentos

Os sete Sacramentos são:

1. Batismo
2. Crisma ou Confirmação
3. Eucaristia
4. Penitência ou Reconciliação
5. Ordem ou Sacerdócio
6. Matrimônio
7. Unção dos Enfermos

Conecte-se conosco:

 facebook.com/editoravozes

 @editoravozes

 @editora_vozes

 youtube.com/editoravozes

 +55 24 99267-9864

www.vozes.com.br

Conheça nossas lojas:
www.livrariavozes.com.br

Belo Horizonte – Brasília – Campinas – Cuiabá – Curitiba
Fortaleza – Juiz de Fora – Petrópolis – Recife – São Paulo

EDITORA VOZES LTDA.
Rua Frei Luís, 100 – Centro – Cep 25689-900 – Petrópolis, RJ
Tel.: (24) 2233-9000 – E-mail: vendas@vozes.com.br